Índice

Mira dentro de un lápiz	3
Glosario fotográfico	15
Índice analítico	16
Sobre la autora	16

rourkeeducationalmedia.com

¿Puedes encontrar estas palabras?

borrador

cedro

cilindro

grafito

Mira dentro de un lápiz

Mira dentro de un lápiz. ¿Qué ves?

Veo el **cilindro**.

cedro

Está hecho de **cedro**.

grafito

Mira dentro de un lápiz. ¿Qué ves?

Veo el **grafito**.
Es la mina del lápiz.

Mira dentro de un lápiz.
¿Qué no ves?

El pegamento mantiene las partes unidas.

Mira un lápiz por fuera.
¿Qué ves?

Veo pintura. Veo un **borrador**.

borrador

Mira un lápiz por fuera.
¿Qué ves?

¡Veo mi dibujo!

¿Encontraste estas palabras?

Veo pintura.
Veo un **borrador**.

Está hecho de **cedro**.

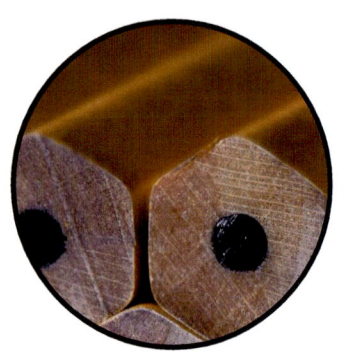

Veo el **cilindro**.

Veo el **grafito**.
Es la mina del lápiz.

Glosario fotográfico

 **borrador:** objeto utilizado para quitar marcas de lápiz o tiza.

 **cedro:** tipo de árbol de hojas perennes casi punzantes.

 **cilindro:** parte de algo en forma de tubo.

 **grafito:** mineral negro utilizado en los lápices.

Índice analítico

borrador: 11
cedro: 5
cilindro: 4

grafito: 6, 7
mina: 7
pegamento: 9

Sobre la autora

Lori Mortensen vive en el norte de California con su familia y su gato Max. Cuando no está tecleando en su computadora, le gusta observar todo tipo de cosas fascinantes, desde las mariposas al baloncesto, ¡y cómo se hacen los lápices!

© 2020 Rourke Educational Media

All rights reserved. No part of this book may be reproduced or utilized in any form or by any means, electronic or mechanical including photocopying, recording, or by any information storage and retrieval system without permission in writing from the publisher.

www.rourkeeducationalmedia.com

PHOTO CREDITS: Cover: ©rvlsoft; p.2,4-5,14,15: ©GillTeeShots; p.2,10-11,14,15: ©DustyPixel; p.2,6-7,14,15: ©boschettophotography; p.3: ©By paulaphoto; p.8-9: ©Ryan Klos; p.12-13: ©silamime

Edición: Keli Sipperley
Diseño de la tapa e interior: Rhea Magaro-Wallace
Traducción: Santiago Ochoa
Edición en español: Base Tres

Library of Congress PCN Data
Mirar dentro de un lápiz / Lori Mortensen
(Aprendamos)
ISBN (hard cover - spanish)(alk. paper) 978-1-73160-502-3
ISBN (soft cover - spanish) 978-1-73160-515-3
ISBN (e-Book - spanish) 978-1-73160-508-5
ISBN (e-Pub - spanish) 978-1-73160-708-9
ISBN (hard cover)(alk. paper) 978-1-64156-164-8
ISBN (soft cover) 978-1-64156-220-1
ISBN (e-Book) 978-1-64156-274-4

Library of Congress Control Number: 2018967480

Printed in the United States of America, North Mankato, Minnesota
02-272511937